새와 시

홍광표 시집

새와 시

시집을 내면서

사람이 바위에 벽화를 그렸습니다. 달도 별도 해도 그렸습니다.
암스트롱은 그 바위에 그린 달에 사람의 발자국을 남기고 왔습니다.

인류의 발전은 소박한 꿈에서 창대하게 발전하고 있습니다.
나의 작은 꿈은 우주에서 유영遊泳하고 있습니다. 부끄러운 마음으로 날아다닙니다. 어디에 안착할 지 조심스럽기 그지없습니다.

우왕좌왕하면서도 열심히 그린 우주에 같이 갈 동반자를 찾으려합니다. 이 세상 어딘 가에서라도 찾으리라 자조自助합니다.

우리들의 행복, 그리고 인생의 고난에서 진정한 삶의 모습을 알고자 추구하며 못 다한 부분을 함께 대화하고 싶은 생각입니다.

편견에서 벗어나 공감에 동행하려는 노력이면 우리는 즐겁습니다. 탓하기보다 무얼 할 것인가에 대한 소통이 되면 행복합니다.

인생은 누구나 행복할 수 있으나 그렇지 않습니다. 그러기에 더 더욱 바른 마음을 드러내는 진정한 삶을 찾는 것이 필요합니다. 그래서 시가 우리 삶의 윤활유 되어 미소가 되기를 소망합니다.

첫 번째 분신인 시집 앞에서 설레는 마음 품에 안고 하나님께 기쁨의 기도합니다. 그리고 사랑하는 아내와 함께 나눈 대화들이 시집되어 나온 것이 삶의 여정에 등불되기를 소원합니다.

감사합니다.

2015년 4월

시인 **홍광표**

목　차

첫째/새와 시

둘째/물병을 베고 하늘을 보면

셋째/변신 장난감

넷째/삶의 여정

첫째

새 와 시

"

민족, 국가의 얼이 우리 핏줄에 흐르고 있다.

그래서 우리 노래를 부르며 산다.

바로 홍익인간의 사랑이 있다.

모두 같이 잘 사는 세상을 꿈꾸며 산다.

"

청둥오리처럼

청둥오리 한 쌍
잔잔한 강가에
솜구름 흐르듯 누워 있네

이 세상 잠시라도
바라던 모습
인간에게 감미롭네

인간도 누구나 바라던 것 이루며 살려
청둥오리를 쫓아 가고 있는가
청둥오리, 평화 누릴 자격 가지고 사네

숨 참아야 사는 물속을 극복하고
깃털에 체유體油를 짜서 발라 물에 띄우고
필요한 만큼 남모르게 발짓하는 세련됨

완벽한 삶의 승리로 준비된 청둥오리에
비할 수 없이 저지르는 역행들이
얼마나 큰 비극을 자초하고 있는지…

우리도
잔잔한 강가에
솜구름 흐르듯 누워 있고 싶네.

명동 거리

높은 건물 외국어 간판
모여드는 사람

사람 보러 왔는지 물건 보러 왔는지
북적북적 북적북적

사람 비집는 소리 남산에 닿고
발 들여놓을 틈 없어 끙끙거려

쏟아지는 군중의 눈초리들이
금가루 뿌리려 찾아 드는 명동

서로 다른 얼굴 모이고 모여야
웃음꽃 피어나네

웃음에 생명이 이어가고
명동의 심장이 뛰고 있네

토요일 명동 거리
꿈길과 이어질까?

새와 시

시 쓰고 싶은데
그제 밤 꿈자리가 시끄러워 못 쓰고
어젯밤은 조용해
몇 줄 써 보려 끙끙댔지만
힘 드는 건 마찬가지

오늘 십자매 한 쌍 사다 빈 새장에 넣고
합작시를 쓰기로 했다
새는 맑은 눈이 있어
뾰족한 부리로
시 쪽 물어 주길 바라며

새는 나를 보며
종알종알 시어를 쏟아낸다
받아 적기만 하면 되는데
그대로 옮기기만 하면 되는데

날카로운 발톱 이리저리 옮겨가며
가끔 날갯짓까지 하며 알려 주지만
말귀 어두워 알아듣지 못하는 나

답답한 새
고개를 흔들더니
물 한 모금 마시고
둥우리로 들어가 버린다.

도리깨질

단 두 박자
콩, 깨 줄기 두들긴다
돌아가는 원이 땅을 패고
고정 부분이 힘을 준다
돌아가는 속도 맞춰 힘이 가야 한다
땅에 그 힘 만날 때 곡식이 털린다

요즘
무얼 모르는 사람인지
알면서 모르는 척 하는 건지
서투른 도리깨질 하고 있다
안 털리면 그만이다
매우 큰일이다

속도를 놓치고 박자 놓치면 힘만 빠지고
도리깨 발이 자기 머리 두들겨
콩은 커녕
깨는 커녕
귀가 털릴 수 있다
귀가 아파한다

네 집이나 내 집이나
두 박자 도리깨질
간단한 박자에 팔 다리 맞춰야
구수한 콩 맛 고소한 깨 맛
상 위에 오른다
박자 만큼.

세월호 이정표

흙먼지가 피어오르는 세월
환상을 머리에 그리며
한 발짝 한 발짝 전진했던 나날들

침몰이 늦었으나 일어날 세월호
누적된 진흙 걷어 내고
새 이정표 꽂는다

역사 선생님 역사 가르침이
우리들 가슴에 비수가 되고
때 묻은 손 태운다

세월호는 가라앉고
물 위에 부유물浮遊物 승화되어
우리에게 거름된다

나라 사랑
공부하는 교실에 학이 난다
이정표 위에 비상飛翔 한다.

청소년 축제

네 마음 어디에 머무는지
에너지가 흐르는 율동에
신의 신호가 섬세하게
정렬의 섬광으로

목에 매었던 줄 자국 지우고
맑은 호수에서 나온 듯 미끈한
갈망의 공간에 몸부림
너희를 잡아 놓을 수 있겠나!

리듬의 열정에 땀이 타니
붉게 끓어오르는 용광로이어라
어찌할 수 없는 세대의 마술
하늘의 창조가 땅에서 이루리

청소년! 생기의 얼굴
너희는 모습대로 번창할지니
영원한 이 땅의 보물
마당을 더 넓게 펼쳐 보아라!

알 수 없네

눈을 떠서 그런지
덜 떠서 그런지
사람 사는 세상 같지 않네

잘난 사람도 한잔
못난 사람도 한숨
허둥대며 살고 있네

유익 따라 바람 불어
험한 발자국 메워 가며
이정표 없이 가는대로 가는 건지

아니나 다를까 들었던 말들이
그 말 되고 저 말 되어
믿음 찾기 어렵게 되네

집 안이 타고 있나
집 밖이 울고 있나
혈류의 주인을 알 수 없네.

뉴 강남 스타일

하얀 거품
마시며 말 타는 제비
팔 자른 연미복, 빨간 코 구두 신고
외로웠던 제비 날 때가 되었네

같이 가자 함께 가자
말은 했지만
메말랐던 단애斷崖 넘지 못하고 걸려 있었지
허물 벗은 날개는 미래를 위해
전진하는 야한 제비

엉덩이에 노란 치마바지
색 다르지 않니
뉴욕에서 뛰어 봐
신나게

우리의 신바람
대한의 호흡
전선 넘어 부는 바람
한류의 진동.

끄느름한 오후 오르막 골목

가을에 장마
스며드는 비에 옷이 축축하니
추워지는 비의 온도…

여미는 옷깃 속에
하지 못할 말 생각나고
아쉬웠던 미련도 그리워져

구름에 눌린 거슴츠레한 거리
발자국도 조용히 낙엽 따라
그냥 먼 길 가고 싶어지는 날
팔꿈치에 빗물이 흐른다

끄느름한 오후 가슴 파내는 소식
전깃줄 물방울도 겁이 나는
초조한 마음 앞세우고 살아간다

목숨이! 목숨이! 깊은 물에 가을비 되고
생명이! 생명이! 깊은 땅에 낙엽 된다

나를 지키는 고물 탱크, 폐물 전투기
오르막 골목에 보이는 두꺼운 얼굴들

우린, 우린 어디에 서나요?
우린, 우린 어디로 가나요?

잘 사나요?

오늘 잘 했어요
내일도 잘하면 점수 따지요
점수로 먼 길 다리 놓고요
그 길에 붉은 사과 익혀 보아요

하루 한 자루 열심히
집에 갈 수 있는 열매
열매로 구름 만들어 비행기 타요
꿈나라 곡식이 익고 있어요

우리 삶은 상상의 발 짓
감동 있고 신기하고 감사하지요
공기로 숨 쉬는 아름다운 마을
그곳 공기는 달콤하지요

이렇게 살다보면 한 세상이
내 것이 되어 안겨질 때
이런 삶을 아이들이 알고서
잘 사는 거라 웃고 살겠죠.

신분 상승

잘리고
깎기고
숱한 가지 베어 자르고
뱃속 파내 텅 비우고

도곳대*와 도곳통*은
쿵더쿵 쿵더쿵
허리 자락 당겨 올리면서
날마다 도곳대질 해야 하는 아낙

도곳통 소리
가슴 짓찧는 소리 일거야
도곳통 울림
한恨이 한탄하는 소리 일거야

이제 와서 신분상승 되었다고
도곳통 위에 아낙 사진 올려놓고
아낙의 적삼이 도곳대에 걸리네
거실 한편에서 버젓이 어울리네.

* 도곳대, 도곳통 : 충청도 지방의 절구, 절구통의 사투리

지하철 풍경

에스컬레이터에서 입 벌리고
총각 입의 껌을 받아먹는 처자
천국의 계단에서 단물을 씹는가!

보따리 힘겨워 내려놓고
의자에 곤히 잠든 어린 딸 보는 아낙
차라리 친정으로 가면 어떨까!

초면인 할미와 할배 노인석에 앉아
할배에게 길 묻고 무릎에 파스 붙여주는 할미
할미, 할배 집으로 가면 어떨까!

처자의 머리 향기 얼굴에 비비는 사내
아낙네 여유 없어 꼬질한 딸의 머릿내
우연한 사이에도 말 도움이 필요한 인생

높고 높은 천국의 계단
생활의 과정이 험난한 가시밭 길
늙어가며 어이 견딜까!

지하철처럼 칸칸이 매달린 구불구불 긴 행로
초심이란 사랑은 콩나물처럼 발가벗고 자라다
밖으로 나오면 도막도막 잘리어 제물 되는구나.

인간다움

사람 사는데
푸른 하늘에 꽃을 심는다
여러 가지 꽃이 핀다
꽃의 색은 어떠하랴
향기로우면 좋으리라

사람 사는데
이웃엔 눈빛이 걸려 있어
밝은 미소로 맞추며 산다
이웃이 웃고 넘도록
그 웃음이 감미로우면 좋으리라

사람 사는데
인간은 마음으로 우주를 본다
짐승보다 연약한 몸으로
나무 심고 그 열매를 위해 기도한다
고통 있어도 참을 수 있으리라

사람 사는데
열매 있는 사람이
보는 세상은
인간다운 세상이
보여 지리라

산하山河에 고告함

1. 이젠 우리 땅이 있다
   우리에게 주신 하늘의 유일한 선물
   엄숙한 내력의 피가 흐르는 기세
   한강의 힘찬 물줄기 흐른다

   차가운 바람이 약되어 이처럼
   세상이 알고 네가 아는 찬란한 빛
   저력이 발산하는 우리 하나 되어
   굉음 치며 달리는 기관차 바퀴

2. 아직 땅굴 삽 소리, 뒤뜰에 포탄
   산하는 음모의 완장이 춤추며
   학의 탈 쓰고 목에 마이크
   황당한 세상으로 춤 굿을 펴

   내 주머니 채우려다 떨어지는
   위선의 이중 잣대 가르고 갈라지고
   누가 누군지 모르며 살아야 하는
   어둔 그늘 스며드는 골짜기 남아

3. 역사에 지금처럼 살았던 적 있나
   풀뿌리 씹던 배고픔 속에 새마을
   보릿고개 넘는 탄식소리 사라져
   여권 들고 설레이는 우리들

의료기술 최고 백세시대 되어가고
팔도강산 도로망 거미줄 되어
어른 우대 지하철 노인 천국
선진대국 문턱 넘어 전진하는 우리

4. 서로 속이며 웃고, 서로 숨기며 믿자는
짓밟힌 꽃길, 산하에 남긴 오물
누구나 저절로 되는 것처럼
땀 흘린 우리 역사를 밟는 것이

반도의 쓰라린 휴전, 분단의 아픔
우리는 슬픔 참고 통곡의 기도 하는데
어리석음 쫓는 그들 편에서
민족 내세워 민족 어렵게 하는 병

5. 멋들어진 우리 산하!
하늘이 지정한 이 땅의 권위, 우리와의 언약
남 줄 수 없다! 어리석음 깨어 버리자!
이 산하에 네 씨앗 뿌려야 되지 않겠나

산하! 우리의 산하!
태백의 기백 줄기마다 뻗어가고
백의민족 위대함을 보여 줄 기회
여기! 우리 것! 우리 문패 지키리라.

네 심장 떨고 있구나

모이 줘도 두렵고
물을 줘도 떨리고
누구를 믿고 사는가!

말도 행동도
고집대로 사는 것이
그럴 수밖에 없었던 거냐

네 심장 소리는
바르르 떨고 뛰면서
무엇이 두려워 그렇게 두 눈이 빨개지느냐

무슨 힘 있다고 내 손 안에서
그 손을 쪼느냐
새 대가리였더냐

연명延命하려고 떠드는 너는
얼굴 없는 가면을 쓰고
독주獨走로 심장이 삭는다

봄이 되니
제비가 집을 짓는데
그곳에서 몸 좀 쉬어라.

태항산 절벽 속에서

산맥이 시소처럼
솟아오르는 힘에 내려 앉아 버린 건 지
기운의 나이테는 절벽에 힘차게 움직인다
태항산, 네 나이가 내 나이보다 젊구나

천만고지 봉우리 위에서 저 물이 흐르는데
산이 만나는 건 하늘 바람 뿐
하늘 바람 물 되어 지상에 떨어지고
그 물이 바닥에서 산을 올리고

물은 위에서 아래로 흐르니
태항산은 아래서 위로 치솟아 오른다
사람 사는 곳에서도 이런 질서 있나
물 같은 사랑, 산 같은 도리

바위로 덮여 하늘이 보이지 않도록
바람은 물을 가져와 바위를 키워
더 높은 절벽 책 만들어
일기를 쓰고 있다.

허벅지

핫 팬티가 짧은건 아니다
다리가 길어졌다
고난의 문 넘어
광폭의 허벅지

새마을 노래 자지러질 무렵
변화의 마법이 천지에 퍼지고
통 큰 허벅지 핏줄 자국이 지구를 흔드는
헐크의 탄력! 진동!

찌어 가는 에너지 못 막는 힘
육중한 임의 저력
세계를 안고 가는 능력
아름다운 조국의 길

굵어라 허벅지
더 굵고 굵어져라
이 세상에 우리도
원 없이 굵어져라.

한강에의 기대

압구정 나루터에서 보이는 서울
가득 찬 차들 줄지어 늘어나
갈대 숲 물새 집 밀어
좁은 집 들창문 좁힌다

흐르는 강물에 빌딩 흐르고
출렁이는 파도에 네온 빛 흐르는데
한강의 숨결인가 지조인가
그 자리 흐르는 모습 여전하다

살아가는 역사는
차 줄이 끊기지 않고 길어지는 건가
새들의 터전을 남겨줘야 하는 건가
한강은 알고 있겠지

네 맥의 비밀
깊이 묻고 흘러 흘러
너를 기대하는 마음에도
흐르고 있구나.

임의 오른손

임이여! 어찌 하나요
나서는 자 없는 혼란
동물들의 포효咆哮
매일 매일 어처구니없이
황당한 소식뿐이요

임이여!
나의 임이여!
가슴 찢긴 혼의 절규
통곡의 기도 들으시나요
하늘에서 보시나요

임의 꿈!
임의 자취 밟던 시절
그 자국이 흐려지는데
불씨를 붙여 줄
새 바람 주시나요

임의 오른손에
파란 불, 지팡이 그쪽
눈 감고 가슴에 담아
발등에 지펴요
남은 미래 밝혀 줘요.

풀벌레 눈물

풀벌레 우니 가을이다
많은 벌레 눈물이 뜨겁다
베짱이는 베를 짜며
방아깨비는 방아 찌며
가엾은 눈물 흘린다

가을의 합성
몸 숨긴 작은 벌레도
소리가 적다고 함성이 아니랴
몸부림치며 운다
설 곳을 위하여 땅 속에서 운다

엄동설한, 문턱은 높고
엉키어 있는 실타래
꼬리가 어딘가
눈물 닦아 내며
찾아 본다

비정상이 정상되는 세상 되었는가
억지가 통하는 억지 세상 되었는가
빌려 쓰는 세상이라도 또 올 수 없는 곳
국적 잃은 방랑자 신세로
신발 찾고 있는 나를 보겠는가!

둘 째

물병을 베고 하늘을 보면

“

세상은 어울려 산다.

정치, 사회 울타리 안에 균형을 갖는다.

하늘의 진정한 뜻을 따르며

자연을 배운다.

”

물병을 베고 하늘을 보면

소나무 측백나무 사이
가느다란 햇살이
내 시선을 흔든다
넘어가는 빛이지만 긴 힘이 있다

저 빛이 닿아
우주에서 우주를 낳고
우주에서 우주로 사라지는
뜨겁지만 차가운 섭리
밝다지만 어두운 운행

물병을 베고 하늘을 보면
작은 생명체가 떨며
저 빛 때문에 숨 고르며 묻고 있네
왜! 이런 질곡의 땅을 만들어 어려운 꿈 꾸게 하는지
나는 저 빛의 구속된 피조물 되어
감당 못하게 작아지네.

반가운 길

가시밭길 넘어
고운 꽃길 디딤돌로 나란히 놓였네

이제야 쓰라림 헤치고 신의 거울 앞에
나의 전라全裸를 보네

가슴에 이는 지난 먼지들
털고 쓸어 내어 오솔길 걸으니
맑은 물소리 들리네

고향도 뒤로 하고
차표 없이 걷는 길
어디나 새로운 길 언제나 편안하네

하얀 시詩는 날개를 펴고 날아와
하얀 귀에 소곤거리니 파란 싹이 돋아
신비한 비밀을 저작詛嚼*하네.

*詛嚼 : 음식을 씹는것.

씻고 싶다

맑은 하늘
맑은 물
맑은 바람
천국에 있을 것 이승에 있네

더러운 몸
더러운 마음
더러운 영혼
지옥에 있을 것 이승에 있네

더러움 씻고 싶다
이승에서
이승이 천국 되어
가는 줄 모르고 갈 수 있게.

성결聖潔

더러움 있다고
씻고 씻어 또 씻어
맑도록 씻어도
처음 모습 같아

속까지 씻어 더러움 보이지 않게
뿌리까지 씻어도 만족 없는 것
이것이 성결이네
평생 닦는 유리창 같네

이 일이
쉬우니 어려우니
가리어 나눌 때를
발자국에 새겨 가네.

은혜 비 오는 교회

우리 교회 십자가에
뜨거운 기도 불 붙어
까맣게 타고

우리 교회 어부들
무거운 어망 들고 파도 넘어
마음이 타네

소망의 찬양 하늘에 닿고
세상 바다 물고기들 놀라
포근한 요람으로 끝없이 오네

우리 교회 처마엔 축복 항아리
밤새도록 은혜비 모이고 모여
새벽부터 모여서 받아 마시네

메마른 영혼에 꽂은
단비 같은 말씀 먹고 먹어서
영롱하게 피어나는 에덴의 정원.

해바라기와 잠자리

우르르 기차가 지나갈 때마다
바람이 일고
그 바람 맞으며 혼자 핀
철로 옆 해바라기 꽃
먼 길 가던 잠자리 한 마리
살짝 비켜 앉네

제 갈 길 잊고
세상 이야기 들려주네
세상 좋은 이야기
흔치 않아
가끔 날개 파르르 떨며
지난 밤 꿈 이야기도 속삭이네

잠자리 가볍게 앉은 해바라기도
차 안 사람 이야기
누구는 만나러 가는 길
누구는 헤어져 돌아가는 길
맞장구 쳐 주네
해님의 전설까지 알려주네
외로운 둘의 이야기가 끝이 없네

기차가 다시 우르르 지나가고
그 바람에 둘 다 크게 흔들리자
잠자리 퍼뜩 일어나
가던 길 다시 가네

석양의 그림자가 길게 자라네.

백일홍의 임무

여름 햇살에 쉽게 시드는 줄기에
밤이슬 목축인 백일홍이
싱그럽게 피었네
풍파도 이겨내고 빨갛게 피어나는
너 지켜보려니

목말랐던 입술에 흔적
굶주린 허기에 메마른 모습을
무심히 지나치고 딴전 보던 그
가까이 대화 없던 날들이
너무 원망스럽구나

너는 알았구나
기쁨의 선물, 너의 임무
너의 고운 모습이
감동되어 벅차다
너의 뜻을 아침에
다시 알게 한다.

얼레에 감긴 연

연은
줄에 매이고
얼레에 감겨져
주인 마음대로
오르고 내린다

하늘 높이 뜬다고 굽어보는게 아니다
어차피 줄에 매여 얼레에 감기는데
날아올라 부르르 떨며 꺼덕대고 있는 너는
춤추며 웃고 있는 것이냐
감당하지 못할 괴로움에 몸부림치는 것이냐

연줄에
언제나 꿈 가득 지고 오르지만
줄이 다하면
얼레에 감기든가
바람에 먹힌다

얼레에 벗어날 수 없는 너
어린 임자에 따르는 얼레
바람을 지켜보는 작은 주인
모두가 보고 있는데
너의 견디며 사는 모습을 시험하고 있구나.

두부가족

한 날 한 시 두부 형제 빚어지고
자투리 다듬어 모양내어 붙여준다
몽글몽글한 피부에
무명포 자국이 선명하다

쪼개지는 순간부터 운명이 다르고
어느 집 가든지 그 집 입맛 따라 간다
남은 쪽은 목 타도록 기다리다가
맛 다르고 모양 다른 일생 된다

겨울이나 여름이나 사랑받는 두부
지어주신 손길에
음식 솜씨에
아침 밥상에 감사받게 된다

섬김을 지키는
두부 가족
제 맛 아는
그 집을 기다린다.

특별한 은혜

선택 받아 배 띄우는 너
하늘 향기 땀으로 실현 하는 날
고난의 닻 올려 항해하는 길
폭풍의 파도라도 돌아가지 않으리

가만히 두지 않은 배의 시련
하나님 붙들고 하소연하고 싶은
너의 심정 알고 들으시는지
요동치는 파도 아래 기다리시네

밧줄을 바라지 마라, 깨닫는 믿음
뱃전 파도, 마음 파도 밀어 내는
폭풍 속 하나님 믿는 힘으로
역경 이기는 영광 이르게 하시네

수난을 기회로 계획하신 하나님
돌보시는 수고 맡고 인도하시어
특별한 은혜 가슴에 닿게 하시는
아~ 하나님! 고마우신 예수님!

하루

촛불에 눈물 올리고 기도 한다
아침을 다시 여는 새 삶을 위하여

촛불에 기쁨 바치고 감사 한다
하루, 긴 날 살아온 사실을 위하여

촛불에 남겨진 삶 비추고 기뻐한다
마지막에 남길 것의 미련을 위하여

중하고 급한 순서를 고른다
후회치 않을 진수를 찾는다

마지막이란 순간이 필연인줄 모르고 있다가
어느 날 '어떡하지?' 그 하루로 저문다.

단풍

한 잎이
날다
구른다
수많은 잎 중에 한 잎이
혼자 날아와 눕는다

그 한 잎은
마음에 떨어져 쉬고 있다
내가 보이고 나를 읽는다
영혼에 굴러 내려
대화를 나눈다

신작新作 인생의 주제로
가을바람 타고 들린다
'온 곳이 갈 곳' 이라고
한 잎 단풍이
아름답게 지킨다

그러면서도
신나게 구르며 돈다
내년에 그 다음해도
레코드처럼
노래는 곱게 흐르겠지.

우리 전도사님

왼손에 성경책
오른손에 새 신자 손목
따뜻한 인사가
맘속에 잡니다

어젯밤 꿈 속
주일 날 볼 천사
미소의 얼굴
그대였어요

주님의 사랑
모든 걸 내려놓고
기도 힘으로
모두 기쁘게 해요

우리 전도사님
교회가 좋게
믿음이 오게
천사이시네요.

단비는 생명

마른 대지에 이 비는 단비
내 마음 단 한 사람 같네
대체 할 수 없는 단비
목 타는 생애에 젖줄이네

말라붙은 논밭 갈라지고
마음에 숨통 타 버려도
나를 살릴 수 있는 단비
아무도 모르게 소리 없이 오네

물이 없어 땅을 파고
고인 물 찾아 삽날이 닳아도
어느 날 오시는 단비
그 이유 그이만 아네

단비는 자주 오지 않는 기쁨
준비하고 기다릴 때 오는 맛
단비 위해 사구砂丘를 헤매도
단비는 모르게 온다
올 곳에 온다.

중국 옥수수

중국이란 그늘 속에 숨어있는 자유
옥수수 밭 끝이 안 보이는데
가난한 농부 소망은 소유의 자유
쪼그리고 장기 두며 소유를 누린다

죽음과 바꾸려나
통제 호각을 피해
천이백 고지 위에
옥수수 몇 포기 심는다

내 소유의 맛을
바위 자락에 흙을 모아
피땀으로
키운다

하늘 농사
구름 밥 먹고
자유 위해
오른다.

아들은 장사壯士

아빠와 아들이
씨름하면
아빠가 지네

아빠와 하나님이
씨름하면
아빠가 이기네

하나님은
우주를 만드시고도
아빠에게 지는 이유 무엇인가?

약한 하나님인가
저 주는 하나님인가
아니면…

낮이나 밤이나
나의 곁에 계시어
씨름 한번 붙자 졸라 대시네.

앙코르 왓트

석회암 덩어리가 시간을 흡수하니
검버섯이 피어 오석烏石으로 익었고
검은 살은 부끄러워 나무뿌리에 숨는다
나무들은 긴 팔다리를 감아 당기며
암석 먹은 근육이 사탑을 분해하네

12세기 수리야바르만 2세의 고뇌가
비쉬누 신에 기도, 그 귀족의 소망이
문지방이 닳아서 패여지도록
희망과 좌절이 낳고 죽고 했던가

파괴성터에 어린나무 싹트고
무너진 성터에 객이 길을 낸다
허무와 초라함이 죽은 가지 마른 버섯
원형이 상실되어 가는 그의 모습이
자연이 시간을 놓쳐 버리고 만 것인가

앙코르 왓트 크메르 제국의 역사
너는 사람과의 인연에서
사무치게 희생당한 당사자의 흔적을
그대는 알고 있는가
사원에 향기를 뿌리던 아름다운 궁녀의
붉은 치맛자락이 돌담을 싸며 돌아간다.

베름빡*

깊은 산골에 안 살아도
이웃을 모르고 지내면 모르는 대로
세상이 베름빡 안에서
좁아지게 된다

어느 날 뒷동산 높은 곳에 오르니
아련히 보이는 강물이 흐르고
산 넘어 사이로 누이 집 가는 길 보인다
아~ 세상은 넓다

보이는 곳이 네 세상이라더니
소풍 가던 날 순경아저씨의 낯선 전화기가 신기했다
세상은 참으로 볼 것도 많았다
베름빡을 넘으려는 욕심이 생긴다

세월이 지나다 보니
베름빡을 넘게 되었다
전에 살기보다 많이 어려워져간다
세상 좁게 사는 것이 좋은 줄 모르고 헤매다가
이제 알 듯하다.

* 베름빡 : 벽의 충청도 사투리

시인이라고, 너

오늘 시집 한권 받아 들고 감회가 깊다

시간을 허비할까
정열을 망칠까
썼다는 시를 보면 통할 것이 그립다

시인이라고, 너
쉽게 써야지
너도 세월 앞에 알겠나

시는 땅을 못 쳐도
가슴을 가늘게라도
그어야 하지

시꾼의 영혼을 짠
기름 한 방울
세상에 윤활유 되어라

시꾼의 몸에서 탄
검은 한 움큼 재
더러운 곳 지우는 물감 되어라

시는 인생을 타작하러 간다
내 시 목을 조인다
숨이 꼴깍 한다.

셋째

변신 장남감

"

사랑 속에 가정 있고 가정 속에 행복 있다.

그 뿐이랴! 의무와 책임도 있다.

가정으로부터 사회와 국가가 건강해진다.

"

그리움

보이지 않을 때
그대 얼굴은 필름
빈자리 마음
힘들어요

오시려나 빈자리 비워
시간 세어 덮어 놓고
찬 몸 갈고 갈아
그리움 채우네요

기다리다 지쳐 든 잠
깨어보니 오신다는 꿈
그 언약 믿고서
기다리고 있어요.

변신 장난감

변신 장난감 가게
아기는 변신 장난감에 넋이 나가
저절로 손이 호기심을 잡는다
엄마는 작렬하는 아기 눈빛 주위를 맴돌고
아빠는 멀리서 아기를 부른다

아기 손에 든 변신 장난감
아기의 황홀한 기쁨
아빠의 얄팍한 주머니
엄마는 아기보고 아빠보고
아기 손에 현실을 떼어낸다

끌려가는 길 터지는 울음보
귀청 때리는 아기 울음
세상 무너지는 소리
가슴 터지는 소리
울어본들 내 편 없다

목청을 던져 봐도 통하지 않은
힘겨운 아기의 현실
못내 아쉬워 뒤돌아보며 뒤돌아보며
엄마 손에 질질 끌려
멀어져 가는 변신 장난감

아기야
자라면서 너는 얼마나 많이
변신해야 하는지 알기나 하니
그때쯤에는
아빠를 알겠지.

비밀 이야기

곱게 늙으신 외할아버지 나에게만
말씀 주시고 돌아가셨다
내용의 모습도 보여주지 않아
꿈꾸는 이야기처럼 간직하고 살았다

깊은 산속의 굴 속 이야기
그 속에서 닭 우는 소리, 개 짖는 소리, 가끔 사람 소리 난다고
더 이상한 건 알에서 사람이 나오고 개가 옷 입고 있다는 것
알에서 나온 사람은 왕자처럼 멋있고
옷 입은 개를 데리고 들판 길 걸으면
따스한 바람 밀려와 왕자의 옷깃을 날리고…

신기해서 밤 늦도록 듣고 듣고 들었는데
이곳 사람 그곳 가면 갑부 되기도 한다는 것
어찌 갈 수 있느냐가 아주 궁금해
나도 갈 수 있나요, 나도 갈 수 있나요
멈칫 하시더니 너, 내가 하라는 대로 할 수 있느냐

그 곳에 가려면 바른 관을 써야 하는데…
바르게 열심히 살면
바로 그 관을 얻을 수 있다는 것
그래서 바른 관이라는 것

오랜 세월 외할아버지 말씀대로 살려 애써 왔다
바른 관 한번 써 보려고
언제 인지
그 곳에 안 가도 되었다.

노부부老夫婦

손잡고 걷는다고 말들 하여도
영혼의 동반자인 걸 어찌 하나요

마주 보며 다정히 말한다 하나
하루하루 달라지는 안쓰러운 얼굴

두 사람 다니는 모습 부럽다 하나
하늘가면 둘이 못할 기회이잖아

잠자리 같이 한다 놀랍다 하나
습관 되니 잠꼬대로 말도 하지요

남이 같이 살아야 하는 하늘의 의미
몇 번이나 생각했는가?

알고 보면 그러려고 살은거지
남의 말처럼 그러지 마시게.

콧노래 번역

우리 집 사람
잠을 잘 자
미덥다
예쁘다

잠결에 콧노래
음률이 있고
의미가 있다
놀이를 하며 잔다

콧노래 소리
크크크⤴프⤵
골골골⤴푸⤵
푸푸푸⤴파⤵

입소리로 번역하면
그래 그렇게
굴러 굴러봐
하하하 우습다

콧노래 소리
옆에서 들으니
든든하다
나는 더 하겠지?

당신 곁에

오늘 밤엔
단잠을 이룰 거예요
당신의 호흡이 나를 숨 쉬게 하고
당신의 눈빛이 나를 사랑하게 해요

당신은 완벽해요
나의 맘 알고 평안을 줘요
언제나 기쁨 주며
미소 줘요

당신 곁에
떨어져 한 날 살려면
몸이 무거워 천 근 되는
차가운 돌멩이 되죠

당신 곁에서
나는 아기 같이
울고 먹고 자는 단순한 분신
당신의 온기가 나의 생명이죠.

내 고향 그 사진

고향 풍경 한 장
동네 애들이 있지
어떤지 볼을 대 보는
그리운 내 고향

늙은 몸
풍파 헤치고 난 숨결
사진 속 그 애는 어디 있는지
외로웠던 시간에 고향 생각

마음 속 낡은 사진 보며
언젠가 그 애를 보려고 접고 접어
새끼 호주머니 아래 감추었는데
그 사진도 그 애도 어디에 있나.

내 새끼니까

세 살 고개 갓 넘은 놈을
옆에 오게 하고
슬그머니 끌어 당겨 뽀뽀 한다
내 새끼니까

친숙해진 것 같지만
바로 달아나 버린다
다시 끌어 올 마음이면
처음부터 다시 시작해야 한다

내 마음대로 안 되는
세 살짜리 손자
정 주기 어려움이
세상 같아서
그의 정에서 나를 배운다

이 애도
세상을 알아 갈 때
정 주기부터
배워 가겠지.

연잎같은 엄마

연잎 위 빗물은 묻지 않아요
그대로 모였다가 흘러 버리죠
우리 엄마 마음엔 때가 없어요
진한 먼지 날아와 미끄럼 타요

연잎도 넓고 엄마 맘도 넓고
우리는 그 곳에서 놀지요
연잎은 깊은 물속에서 솟고
엄마 맘은 하늘에서 내리죠

연잎같은 엄마 맘에
꿈을 그리다 잘못 그리면
엄마는 부지런히 지워 주어요
또 다시 우리는 꿈을 그리죠

연잎이 갈색 되어
겨울 잠 잘 때
엄마는 나를 안고
꿈을 꾸지요.

어린 시절

어린 시절 내 고향
충화면忠化面 천당리天堂里
충신 되고 천당 갈 수 있는 곳
넋이 살아 서린 곳
피와 살이 여문 동네

동해물과 백두산 부르기 전
대단한 사람인 냥 대장놀이 하면서
깃대 꽂고 뛰놀았지
애국 애족 몰라도
내 땅 지키는데 신 났었지

학교에서 종례 마치면
들판의 뭉게구름 따라 종달새와 놀고
동네 자락 들어서면 엄마 목소리
장닭 휘몰며 달음질 쳐
엄마 가슴에 안기었지

이제 지금 나는
나라 지키는 일에 앞서지 못하고
현실의 울분 가라앉히는 노인
땅 놀이 기억 아득하나
엄마 부르며 달리던 뭉개구름 핀 들판 남았다

흙 담장 끝자락
활짝 웃는 무궁화 꽃
몇 송이가 반겨준다
그나마 고향 무궁화 가져다가
서울 사는 손자 방에 꽂아 놓아야지.

철부지

외손자가
　‘애가 결혼 하재요.’
할아버지는 친손녀를 바라보고
　‘웃었다.’
그 때 뜬금없이 친손녀는
　‘엄마 아빠 이혼했어요?’
할아버지는
　‘결혼 한 거야.’
친손녀는
　‘이혼이랑 결혼이랑 똑같구나!’
할아버지
　‘완전 반대야.’
친손녀는 또
　‘엄마 아빠 아직 이혼 안 했구나!’
할아버지는
　‘이 철부지야!’

철부지 친손녀는 할배 말 흘리고
미지의 세계 헤매고 있다
살다 보면 어느 날
제자리 찾아 가겠지
자연스러울 만큼.

어머니

어머니 이야기로
많은 노래 부를 수 있을 것 같았으나
막상 입을 떼면 아무 소리도 나오지 않는다
가슴만 메일 뿐이다

어머니의 입술은 화장을 안 해도 고왔다
그러나 그 입술에 노래는 흐르지 않았다
수많은 가사가 가슴 속에 있었으나
곡조가 되어 나오지 않았다

동생과 연년생으로 갈급했던
어머니의 속적삼 속
젖줄이 그리워 눈물 꽤나 훔친 시절 있었다
지금도 줄기차게 어머니 젖 빠는 꿈
질경이보다 질기다

이제 나는 어머니에 대한 노래할 수 없고
이제 나는 어머니의 노래 들을 수 없지만
어머니의 젖가슴 사랑
아름다운 삶의 정원 되어
꽃으로 피어나리.

이별의 정리

오마! 다리야!
옴마! 허리야!
신음 소리 들리다가

어느 덧
그가 탄 배 밀려 갈 때에
손짓하며 바라보는 언덕에서

죽음이란
새로운 소망의 문턱이라는 말 믿고
'다시 만나리 내 본향 하늘나라' 목청 높였지

세상과의 이별이 아쉬움보다 두려운 것은
아파하며 시드는 가엾은 모습
생명의 마지막 절규를 소리로 전하지 못하는 순간이다

고향 풍경 한 장을 세월 속에 접어서
구겨지도록 마음속에 간직 했는데
괜히 어렵게 가지고 다녔구나

고향은 이젠 허상
잡을 수 없는
이승…

노모의 독백

딸 시집 간 후
놓고 간 옷 보일 때 마다
어찌 사나 생각하며
손 발 끼워 보고…

숨 돌리기 전 그이가
'먼저 가니 미안하다.'
할 수 있을 텐데
숨 돌리려고 잊으셨나…

어느 덧 늘어난 빈자리
애들의 향기 멀고
그이 무덤 뜯어본들
비단 옷 되겠는가

하늘이 닿도록
슬퍼져 가도
남은 빈손의 세월
손가락만 꼽아본다.

이슬이 풀 섶에 닿으니 진주가 되요

당신은 나의 마음이요
시간이 있고 없고 언제나
상관없이 내 안에 존재해요

맘 바닥에 움찔대는 생명체
그대로 살아 좌우하는 혼

당신은 하드웨어
나를 지탱하게 하는 몸통

그대 뜻대로 그대 말대로
이어져 맺어가는 나의 행로

또 다시 이런 사연 이렇게
있을 수 없어 당신이 귀해져요

살결이 대어지는 평온한 설렘
이슬이 풀 섶에 닿으니 진주가 되요.

제비꽃

낙엽처럼 한 장 한 장
모진 사연 쌓이고 쌓여도
한 마디 말 꾸미실 줄 모르더니
또 낙엽처럼 덮고 묻고
이제는 몸까지 묻으셨네

겨울 산기슭 아래 실개천 흐르는 소리
녹여 내는 한限

스스로 몸 조리고 표현 못한 어머니
어찌 분홍빛 소망이 가슴에 없었겠나
다만 감추고 삭였을 뿐
안으로 안으로 잠재우며
고요 속에 살으셨네

바삭거리는 가랑잎도
눈물 뿌려 잠 재우셨네

고요하고 고요한 마음
여리고 여리신 마음
눈 녹은 언덕배기
한 송이 제비꽃으로
피어나리

놀이터 기도

놀이터는 재미있다
올라가고 내려가고 미끄러지는
하고 싶은 걸 다 할 수 있어
아침 저녁 구르고 매달리고 울고 웃고
우리들 세상이다

놀이터는 철공소, 요란한 공작소리
인간을 만드는 신비한 설계가 연출된다
오르는 성공, 미끄러지는 실패
인생 질곡의 그네, 배려의 시소
쉴 새 없이 배우는 우리 교구校具다

그러나 나는
엄마 모르게 가서 신나게 논다
아빠는 내 편, 아무 말 안 하신다
성적표대로 나를 보는 엄마다

그날 밤 꿈에 엄마가 보였다
놀이터에서 기도하는 엄마
놀이터는 기도 장소가 아닌데
이것저것 생각난다.

그냥 너

그냥 좋아서
까닭도 없이

허물없이 흐르는 정
여음餘音 남아 모퉁이에 서곤 한다

서로 기쁜 미소에 비밀이 되어
우리는 그대로 그 뜻 모르는 듯
마주 앉아 별빛에 온기를 느낀다

나는 그냥 네 곁에 있고 싶어
서성이며 바라본다

너의 향기와 미소가
내 심장 깊은 곳에

너는 조각 되어
이미 와 있다.

아내 심정

하얀 바지 살까
사요, 사구려
당신이 알아 사자는데
말은 던지고 아무 말 없다
무슨 계산 하는 건지

사러 갈까
딴전이다
안 가려나 보다

설거지 할 때 백 허깅 하며 어때
아무 말 없다
싱거워 떨어져 돌아서면
자기가 백 허깅 하며 어때

나보다 그릇이 깊어서
흡입된 나의 관심 녹여내는 시간이 필요한 가 보다
아내는 늦은 것도 이른 것이다
아내는 말 안 해도 한 것이다.

친구

친구!
따뜻한 손 내미는 손
대역代役할 수 없네

친구!
오랜 시간 같이 산 인연
시작은 있어도 끝이 없네

친구!
그 그늘의 향기가 끝이 되는 날
나의 이별이 되네

세상에서
같이 산 고락苦樂에 풍랑은
사랑이었네

아쉬움만 가득한 것도
쌓이는 미련도
감사할 뿐이네.

엄마와 아기

맑고 밝은 아기 목소리
아무리 크게 뭉쳐 보아도
풀어보면 명주실 가닥처럼 곱고
그 가닥 모으면 아름다운 비단되네

울어도 웃어도 고운 목소리
아기의 목소리 해석하는 엄마
헌신이고 사랑이었네
아기 맘 읽는 엄마 위대하여라

젖 먹는 아기 천사의 얼굴
고요를 그리며 고요하게 잠드네
엄마는 잠든 아기 숨소리에 잠들고
엄마 꿈속에 아기 꿈이 살아 있어

생명의 분신 두 쪽이 같은 꿈 꾸는 듯
엄만 코 고는데 아기는 배내 짓
앞날의 이야기 말없이 주고 받으며
맥박이 동행하며 자네.

넷째

삶의 여정

"

인생은 고난의 여정 속에서

어렵게 자기를 지키며 산다.

좀 더 자기를 아는 것이 늦어 회한을 갖는다.

내 탓이 앙금으로 남는다.

"

삶의 여정

아무리 우리 꿈이 아름다워도
그 꿈 이루고 살게 되나요
한없는 마음 가득하지 못해
아쉬움만 남기고 가지요

인생이 그렇게 좋은 것인가요
얼마나 가는 기쁨인가요
하늘에 매인 얼레에 감겨 사는 우린데
꿈나라 찾으며 살아가지요

고단한 삶 살고 싶어 살게 되나요
언제 웃고 언제 쉬며 살아갈 지
아무도 모르게 세월 가지요
길은 많은데 좁은 길은 조용하지요

아! 인생이란 화로의 불씨
그렇게도 바빴던 시간들이
불씨에 얼마나 숨을 쉬게 하였나요
내가 누구인지 머리 싸매고 걸어요

마지막에 회한은 필요 없어요
망각과 추억으로 정리하고 씻어요
가지 친 분재처럼 단순하게 살아요
하늘에서 진실 뽑아 인생길 삼아요.

달팽이 하루

일 없는 하루
어쩌다 편한 날
이런 시간 쌓이면
큰 행복 되겠네

느긋함
참 좋은 기분
편한 잠자리 속에
꿈이 되어 살아나네

이런 흐름
한참 후에 알고부터
조용히 남은 실타래에 추파를 던지며
되도록 곱게 감아가고 싶네

달팽이 등 위에서
빠른 속도 제동을 걸어 느리게 하니
짜증내는 얼굴 주름 잡아도
다른 세상 보이네.

황혼이 언덕에 오를 때

강변 언덕이 물결에 잠기면
황혼에 물든 하늘 얕게 흐르고
강물에 비친 우리 옷자락이
곱게 물든 꽃새처럼 팔랑대는데

갈대밭 갈꽃사이 휘돌은 바람결
매무새 헤작헤작 헤집어 열고
쌓였던 회포 펼쳐 내놓으니
파랗게 배어나온 네잎클로버

우리네 살림살이 구비 구비
한도 탓도 많은 이야기보따리
펴고 보니 한 마당, 이럴 줄 몰라
슬그머니 몇 다랑 접어놓아요

황혼이 미적미적 날 밀치고
강 마루턱 차지하려 얼굴 내밀 때
우리들이 늘어놓은 말 주머니
황혼빛 진주 되어 가득하게 차네.

찰나刹那

태엽으로 가는 시계
감겨야 살아가듯
시간 먹고 사는 인생
촛농처럼 떨어지니
마지막 눈물 흘리는 찰나

수많은 조각으로 쌓아올린 성
막 돌 다듬어 제자리 놓아서
하나하나 기능을 살리는 삶
박자로 연결된 악보처럼
리듬 되어 살아가는 찰나

나도 모르게 쉬는 숨이
나도 모르게 마칠 수 있는
아주 쉬운 숨의 연속으로
늘려가며 어느 정도 가다가
그게 한평생이라고 하는 찰나.

내일도 오늘 되네

하고 싶은 일
할 수 있는 날이
가고 마는 밤에 내일이 오늘 되네

반가운 손 벌려
새 선물 받을 손 따로 없어도
저절로 내일 오네

내일 또 내일
언제나 그렇게 되면
그대로 그대로 갈 길 가게 되잖아

일생에 오는 내일 업혀만 간다면
걱정 없는 내일로 보일지 몰라도
가엾은 병자 모습 어찌 할꼬…

구름 보니 눈물 되는

구름 보니 눈물 되는
그리운 목소리 더 그리워서

당신이 하신 말씀 가슴을 열면
숨이 잠겨요 가득 찬 당신

눈 감으면 하늘에 당신 얼굴
수없이 형형색색 그리는 몸

응혈이 터지는 화산 되어
나부라지고 싶은 욕망 숨기고

하늘 아래 당신! 내 몸 안 당신!
애끓게 품을 수 있는 몸, 당신이여!

흐르는 가을 구름! 그 구름!
평생에 한 번 추억으로 이루나!

꽃길에 서니

이것이 꽃길인가
들꽃 가득한
풀 섶
살다보니 꿈길 걷네

돌부리 디딤돌로 돌려놓고
한숨 크게 쉬고 보니
향기로운 바람 코끝을 넘어
온 몸을 닦아 주네

고난의 쓴 약들이 꿈길의 소재였나
꿈길 같은 지난 세월
가는 줄 모르고 지낸 날이던가
지나니 환상이더라

비 그친 꽃길이
아껴 쓰던 연필 도막 같아
깎지 않고
오래 보고 싶네.

인생, 너

별 답 없는 것
그래 재밌지 하고 살자
이건 둘만 알고 있자
괴로움은 지나간다고 믿고 살자
이것, 누구에게 말한다고 알겠나

지금까지 살아온 건 분명 행운이다
어리석은 건 많지만
지금 있게 한 뜻이
신비한 비밀로 지켜지고
하늘에만 증거 있다

그대로 그대로
살기만 하면 되나
숨만 쉬면 되나
이 땅에 머무는 동안 특별한 걸 찾았지
순간순간 아쉬워했지만 열심히 살았지

영원히 가는 길, 단호한 의미를 준다
정든 모든 걸 끊어 망상妄想에 얹으니
지나온 인생이 아름다웠다고
인생, 너의 주름진 얼굴이
귀한 것이라고.

개미 열사烈士

하늘 찌고
땅 익는다
왜장치는 매미 목청 헤지고
빨간 꽃 위 졸고 있는 잠자리 빨갛게 탄다

늘어진 오후
낮잠 좀 자려는데
발바닥 재다 콧등 타고 오르더니
눈썹 숫자까지 센다
까만 개미 열사는 그렇게 나를 깨운다

이렇게 세상이 시끄러운데
이렇게 널브러져 있으면 어찌 하냐고
개미 하나 마침내 따끔한 침 한 방 쏜다

열사는 나를 재우지 않는다
차라리 책상에 엎어져
책 속에 코를 박으라고
하다못해 고향집 아궁이
부지깽이나 되라고

이별

어쩌니
반지 빼고
힘들지?

보고 싶은 사람 못 보는 것이
얼마나 힘든 건지
집착 마

이별에 울고 있는 너
매달려야 할 텐데
왜 가니?

나는
울 수밖에
잊어버리려고

누구 없오
내가 가면
그만 남아요.

자아

그 사람
한 치도 모르는 깊은 가슴 빠져 사니
뱃속이 열 발 이상 되지요

그 사람
앞서기를 피하여 뒷일에 나타나려 하니
소탈하게 쓰이는 바구니지요

그 사람
저울추처럼 오던 길만 다니다 보니
한길 밖에 모르는 세상 바보이지요

그 사람
하늘만 보고 미소 지으며 살아가니
자주 돌에 걸려 넘어지지요

그 사람
푸른 하늘 적시어 흰구름 펴진 곳에
깊은 마음 끌어내어 시조 한 줄 그리지요

그 사람
인생의 질곡 옆에 화톳불 피워 놓고
나그네길 휘어잡아 녹여가게 하지요.

돌아갈 집에서

웃음도
눈물도
물레방아처럼 한 세상 돌며
서둘러 살았지

그러다 우거진 숲에 꽃들도 시들고
열매의 맛을 느낄듯하다 마는 인생
다만 마주볼 사람 찾아보며
우리 노래 부르자고 졸라대 보았지

아! 짧은 인생
앞서가 늘이지 못하는 세월이지만
아직도 저 다리 건너기 전 나의 세상
아쉬움 아쉬움 계속하지 말기요

후회 없는 손잡으려
때 묻은 손수건 눈물 적시며
이렇게 현재까지 남아
남은 시간 마음껏 품에 안고 날아 보리니

그리하고 나면
어느 날
돌아갈 집에서
나의 모습 바라보겠지.

그대로 있고 싶다

푸른 산이 되고 싶다
나무가 되지 말고

시처럼 살고 싶다
시인이 되지 말고

무거운 짐 벗어 버리고
가벼운 편에 서고 싶다

구별 없이 자란 들판
그 중에 있고 싶다

꾸며지는 세상에 비굴 피하고
변심하는 세상에 눈치 피하고

그대로 있어야 할 내 자리에
그대로 있고 싶다.

늙은 나에게

이 땅 냄새에 몸이 젖었다
이제 해 보고 달 보고 별 보자
석양 줄기에 매달려 있는 남은 시간에
일기장 속에서 기어 나와 황혼을 본다
남은 빛줄기 잡아 당겨
고운데 쓰자

네 몸, 그 얼굴
세월의 그림이 그려지고 있지 않니
말 못할 사연도 버려진 지금
지난날의 욕구들이 참 고마운 옛말
지금은 단순이 자연의 굴레에 따라
털어 내고 잘라 내자

그래! 그렇지!
유기체 자연 속에 강물처럼 흘러
친구 될 수 있는 나의 원소를
어디서나 또 만날 수 있겠지
조용히 눈감고 여정을 즐기며
시간 열차 타고 유유히 가자.

씨크로 자전거 가족

바퀴 세 개, 전조등 둘이 사람 눈
손짓 보고 득달같이 달려온다
목이 돌아가는 만큼 씨크로는 넓게 볼 수 있다
하루 한 끼 찾는 길이
씨크로의 길이다

엄마 등에 아기 말 배우면서
원 달라, 기브 미 초콜렛 하는 것이 우리의 6.25 시절
그럴싸하게 배곯은 모습으로 찡그린 얼굴
캄보디아 풍경이 우리의 과거 아닌가
나는 관광객으로 나를 본다

한류가 언제부터인지 현지 분위기는 뜨겁게 달아있다
두 발로 걷게 되면 씨크로 꼬마들이
곰 세 마리, 만남, 대한민국 차차차를 부르며 뛴다
얼떨결에 나는 양반처럼
땀에 젖은 지갑을 열고 있다

크메르제국의 앙코르 왕조
불가사의한 비쉬누 신의 장엄한 역사 앞에
기도대로 하지 않았는지 왕조는 쓰러졌다
그들도 귀족으로 살던 옛날 생각하며
한류의 기적을 공부하려나.

석림石林

중국 운남성 곤명에는 석림石林, 토림土林, 사림沙林 중에
석림이 이천二千고지 들판에 석주石柱로 숲이 되어 살아 숨
쉬고 있다
석주들이 야구를 하는데 시간 가는 줄 모르게 즐기고 있다
포수가 곤명에 있고 투수는 달나라에 있다
1루는 수성, 2루는 금성, 3루는 화성으로 정하고 벌어진 우
주게임이다

심판은 태양이 열나게 보고 심부름꾼 별똥별이 여기저기
날고
감독은 없어도 된다 정해진 괘도가 있어 실력대로 놀 수
있다
던진 공이 지구에 오는데 수백 년 걸리고
타수 공이 날아 우주로 가면 별들이 잡아 던진 공이 수천
년 걸린다
인생 나이 백세로는 몇 대를 이어 가며 보는 우주게임이
된다

빨리 가는 시간을 유수流水, 천천히 가는 세월을 소걸음 같
다 한다
우주는 시간이 있을까? 공이 날아가서 도착하는 과정 뿐
더 모른다
지구는 너무도 짧은 시간을 길게 산다고 착각한다
동굴에서 나와 하늘과 나를 비교해 본다

보잘 것 없는 인간이 시간이나 공간에 걸쳐있는 티끌인 걸
안다

석림의 말없는 석주가
스스로 변하면서도 수억 년을 참고 견디어 온 모습이
지금, 인간의 눈에는 우주 야구선수의 위용으로 위대하게
별들의 응원 속에 검푸른 얼굴로 나타난다
돌 숲 저편 승전 깃발은 높이 높이 나부끼고 있다.

야외 음악회

목소리는 늦게 늙나
정감은 나이 들수록 젊나
노老가수 목소리는 시간을 넘어
두물머리 끝자락에 닿는다

어린 시절 누나의 목소리
툇마루에 자리 펴고 부르던 노래
다듬이 장단에 맞춰 가면
아카시아 향기 타고 날았지

지나간 세월의 의미는 바래고
현실의 그림자에 덮여 묻고 살았지
음악회 노가수 노래 끝나면
드레스 바꿔 입고 일상 되듯

누나의 목소리나, 가수의 노래나
평화롭고 잔잔한 물결 가슴에 닿아
맘속에 남은 지나간 여운 아련하지만
모두 포근하게 안겨진다.

만리포 노란 달

석양 속에 익어가는 노란 달
밤안개 감긴 만리포 저녁 놀
여름밤의 꿈 태워 가는 백사장 가에
조개 굽는 아낙네 바빠지네

때 묻은 파라솔 꼭지가
조개 타는 연기 위에 솟고
그 안에 남녀 둘 앉았는데
몸은 둘 머리는 하나네

맨발 연인 모래밭 길에
발바닥을 간지럽게 비벼주는데
하얀 무명포 펼쳐 가는 파도는
달에까지 펼쳐져 다리 되네

생선 굽는 향기 노란 달에 배어들고
연인들의 소원 폭죽 달에 닿으니
만리포 노란 달 붉어지면서
따사로운 사랑 익어가네.

가슴 트이는 길

할 말 하고 싶었는데
어디 듣는 사람 있을지 아쉬워서
내 몸에 시심
꾸물거리네

시는 맺힌 가슴 트이는 길
길에 씌워진 영원한 글
너와 나의 해독제 되어
아픈 상처 아무네

묵은 껍질
일어나면
피리 말아
불겠네

사랑하는 친구여!
우리 서로 의지하고
세상살이 시 읊어
밝은 미소 나누세.

꿈을 넘어

꿈을 넘어 새 꿈이
오려는데 잠이 깨어
아쉬워 울었지

내 생에 새로운 운명이
지났는지 모르는 일
한번은 어떻게 더 오려나

오늘밤 기도에
내일 아침까지 자게 하시고
허무를 뒤로 가게 하소서

꿈을 넘어 새 꿈이
닿아 오고 있다고
꿈의 마음 가지고 기다리지요.

꽃 시장 아줌마

사람 사는 게 어디가나 그렇죠
재미요? 되물어 보고
꽃 질까 물주는 재미
쌓이는 꽃, 말 없는 대화

꽃 장사도 장사지 별수 있나요
낭만요? 되짚어 보고
꽃 한 다발이 소망 한 다발
꽃의 일생이 나의 인생

꽃 속에서 배운 공부인지
엄마 유언이 결국
"애야 꽃이 돈이다" 하더니
꽃등 앞에 세우고 먼 길로…

꽃 시장 아줌마
꽃보다 사연이 많고 많아
꽃은 세월에 묻혀도 사연은 꽃 향에 사네
꽃잎에 향기로 쓰여지는 일생.

세상은 사랑이어라

곱게 핀 제비꽃 아씨
봄바람에 외로움 밀려
깊은 마음속 도화지에
사랑 그림 지우며 그리네

여인의 향기를 향하여
깃발 날리며 달리는
꽃 찾아 헤매는 사내
위대한 사랑 이루겠네

천지는 사랑의 열매
멀리 반짝이는 별들도
가까이 숨 쉬는 가슴도
사랑! 사랑에 쉬지 않네

우리 일생이 사랑, 사랑이고
우리 삶이 사랑, 사랑이어라
사랑, 사랑 모른다 눈 감으니
그 곳에 더 큰 사랑 보이네.

문학의 존재이유와
그 소용을 묻는 치열함

호 병 탁 (시인 · 문학평론가)

1

'한줌의 부서진 이미지들' 로 구성되어 독자의 접근을 힘들게 하는 현대시는 우리 주위에 부지기수다.

숫자와 기호들의 나열로 구성된 시가 있는가 하면 각주가 잔뜩 달려 논문을 방불케 하는 시도 있다.

형식과 화법을 전복시켜 장르까지 혼동케 하는 시도 있다.

모두 나름대로의 문학적 존재가치를 주장할 수 있겠지만 이런 시들은 일반 독자가 쉽게 다가갈 수 없다는 공통점을 공유한다.

한마디로 의미의 불투명함으로 '난해' 하다는 것이다.

현대시의 난해성은 시인이 자신의 주관으로 상징을 설정

하고 이에 자신이 의도하는 의미를 부여하는 데 기인한다. 익숙한 일상 감각의 동질성을 해체하고 비가시적, 비언어적인 감각영역을 보여주고자 의도적으로 이런 '의미의 불투명함' 을 채택하였다고 이해할 수 있다.

그것은 시가 잘못되어 생긴 것도 아니고 직관과 우연으로 생긴 것도 아니다. 의도적으로 그렇게 만든 것이다.

아예 '감각' 자체를 무시하고 감각이 불가능한 비의미의 장을 열고자하는 것이다.

그러나 언어의 통사적, 지시적 관계를 벗어난 문장을 대하는 독자의 입장을 생각해 보자.

아무래도 낯설기만 할 뿐 이해가 되지 않는다.

일반 독자들이 이런 시에서 작가의 의도적인 '의미의 불투명함' 을 이해하기 위해 오래 머리를 싸매지는 않을 것이다.

. 그리고 그럴 의무도 없다. 집어 내던지면 그만이다.

좀 더 원론적인 문제로, 문학은 무엇 때문에 존재하며 무슨 소용이 있는가에 대한 사색이 기원전부터 있었다.

인간이 지금까지 도달한 해답은 그것을 읽는 독자에게 '즐거움과 유익함' 을 주는 것 외에는 아직까지 얻은 것이 없다.

예술은 아름다움을 추구하고 아름다움은 우리에게 쾌감을 준다. 우리에게 유익한 감동도 쾌감의 일종이다.

평론가들이 시에 내재하는 심미적 장치를 찾아 정독을 거듭하는 것은 '아름다움' 을 찾고자 함이며 이는 바로 문학이 주는 '즐거움' 을 찾고자 하는 것에 다름 아니다.

2

위와 같은 문학의 존재이유와 그 소용을 충족시키며 독자가 쉽게 그 심미적 가치에 접근할 수 있는 시 한 편을 보자.

우르르 기차가 지나갈 때마다
바람이 일고
그 바람 맞으며 혼자 핀
철로 옆 해바라기 꽃
먼 길 가던 잠자리 한 마리
살짝 비켜 앉네
제 갈 길 잊고
세상 이야기 들려주네
세상 좋은 이야기
흔치 않아
가끔 날개 파르르 떨며
지난 밤 꿈 이야기도 속삭이네

잠자리 가볍게 앉은 해바라기도
차 안 사람 이야기
누구는 만나러 가는 길
누구는 헤어져 돌아오는 길
맞장구 쳐 주네
해님의 전설까지 알려주네
외로운 둘의 이야기가 끝이 없네

기차가 다시 우르르 지나가고
그 바람에 둘 다 크게 흔들리자
잠자리 퍼뜩 일어나
가던 길 다시 날아가네

석양의 그림자가 길게 자라네

―「해바라기와 잠자리」전문

첫 연은 철로 가에 핀 해바라기 꽃에 잠자리가 앉는다는 일상에서 얼마든지 발생할 수 있는 한 사건을 진술하고 있다.

기차가 요란하게 지나가면 바람이 일게 마련이다.

하루에도 몇 번씩 그 바람을 맞으며 꽃은 피어 있다.

강력한 심상이 시 초입에서부터 독자의 시선을 흡입한다. '우르르' 기차 지나가는 소리는 청각적 심상을 배가하고 '혼자' 피어 바람에 흔들리는 꽃은 시각적 심상을 강화한다. 여기서 우리는 해바라기가 무리지어 핀 게 아니라 '혼자' 피어 있음에 주목할 필요가 있다.

위험한 철길 옆은 해바라기의 집단경작지로는 적합하지 않다. 이 혼자 피어있는 해바라기는 어디선가 그 씨가 우연히 날아와 자리를 잡았을 것이다. 외롭게 핀 꽃이다.

이 꽃 위에 "먼 길 가던" 잠자리 한 마리가 날아와 앉는다. 그냥 앉는 게 아니다. "살짝 비켜' 앉는다.

잠자리가 내려앉는 구체적이고 감각적인 동작의 모습은 다시 한 번 시각적 심상을 강화한다. 여기서도 우리는 잠자리가 무리를 지어 날고 있지 않음을 쉽게 간취하게 된다.

이 조그만 곤충은 '혼자', 그것도 '먼 길'을 날고 있었다. 외롭게 날던 잠자리다.

철로 옆에 핀 꽃이나 그 위에 앉는 잠자리나 둘 다 '외로운 존재들'이다. 그렇기 때문에 그냥 헤어질 수 없는 둘은 끝없는 이야기를 '들려주고' 함께 '속삭이게' 될 터이다.

위 시의 도입부인 첫 연은 잠자리가 꽃 위에 내려앉는 '별 볼일 없는' 일상의 정경을 묘사하는 것이 전부다.

그러나 시인이 만들어내는 강렬한 심상은 원심력으로 뻗어나가 이 별 볼일 없는 정경에 새로운 감각적 이미지를 변주한다.

이 보잘 것 없는 것들의 우연한 만남은 어차피 주어진 시 · 공의 한계와 그 속에서 삶을 영위하는 우리를 성찰하는 계기를 만들고 있다.

이 둘의 만남을 보면 지지고 볶고 사는 우리의 삶이라는 게 그야말로 '먼 길 가던' 길에 옷깃 한 번 스치고 지나가는 것에 불과하지 않은가.

외로운 두 존재의 만남을 묘사한 이 도입부는 의외로 우리의 사유를 넓혀 삶의 형이상학적 의미망을 포착하게 하는 단초로 작동되고 있다.

이어지는 2, 3연에서는 둘의 대화 내용이 진술된다. 세상을 날아다니던 잠자리는 "제 갈 길 잊고" 해바라기에게 '세상 이야기'를 들려준다.

그러나 세상에 '좋은 이야기'는 흔한 법이 아니다. 그래서 가끔 날개까지 "파르르 떨며" "지난 밤 꿈 이야기"까지 속삭이게 된다. 잠자리 의 형용으로 보면 아마도 상당히 비밀스런 얘기였던가 보다.

이번엔 해바라기 차례다. 식물은 움직이지 못함으로 제 주변에서 본 것 밖에 얘기할 게 없다.

우리는 이 해바라기가 철길 옆에 피어 있다는 것을 상기해야 한다. 기차 안을 드려다 볼 수 있는 위치에 서있는 것이다.

해바라기는 자연스럽게 기차 안의 인생들에 대해 얘기했을 것이다. 이런 부분에서 '묘사' 이상의 '사유' 가 담기게 된다. 기차 안에는 만나러 '가는' 사람도, 떠나고 '오는' 사람도 있을 것이다.

그런 게 바로 우리 인생이 아니던가. 해바라기가 해를 얘기한다는 것은 어쩌면 당위다. 그런데 들판을 나는 잠자리도 늘 해 안에 존재한다.

그렇다면 차라리 해바라기는 잠자리가 모르는 해님과 자기에 관한 '전설' 을 들려주는 것이 옳다. 이처럼 둘의 대화는 마구잡이식이 아니다. 보이지 않는 개연적 논리를 담고 전개되고 있는 것이다.

회자정리라, 만나면 누구나 헤어지게 마련이다. 둘의 이야기는 끝이 없지만 길 가던 잠자리는 결국 자기 길을 가야 하고 둘은 헤어져야만 한다.

시간 맞춰 기차는 다시 지나가고 바람을 일군다. 그 바람에 다른 것들도 흔들리기는 마찬가지지만 해바라기도 흔들리게 되고 위에 앉은 잠자리도 크게 흔들린다.

잠자리는 갑자기 자기가 길 가는 도중이었음을 깨닫는다.

"퍼뜩" 날아올라 제 갈 길을 다시 간다.

마지막 연은 짧다. "석양의 그림자가 길게 자라네"의 단 한 행이 글의 전부다. 그림자가 '자란다'는 표현은 이 시의 백미다. 이는 '시간이 흐르고 있다'라는 말의 신선한 시적 비유다. 외로운 것들이 만나고 대화하고 헤어지지만 시간은 무심하게, 그러나 어김없이 흘러간다.

별 일 없이 오늘 하루도 지나가지만 죽음도 하루 당겨진다는 엄숙한 시간의 이법이 내재한다. 잠자리도 가고 기차도 지나갔다.

석양의 그림자만이 철길 옆의 외로운 해바라기에 길게 드리운다. 아름다운 저녁 배경이 긴 여운을 남기며 시는 끝이 난다. 멋진 결미다.

3

위의 시에 대한 독서는 아직 끝나지 않았다. 나는 시 하나라도 제대로 읽어내야 한다는 나름대로의 철칙이 있다.

한정된 지면에 수박 겉핥는 식으로 여러 작품을 찝쩍대는 것은 작가는 물론 쓰는 사람, 읽는 사람 모두에게 만족을 줄 수 없기 때문이다. 또한 이런 건성대충의 독해는 언어를 깎고 갈고 다듬은 작가의 치열한 공력을 무참히 외면하는 일이 되기 때문이기도 하다.

시는 아직도 많은 분석의 여지를 남겨놓고 있다.

문학은 말로 되어있고 말은 의미를 나타내도록 사용된 일종의 음성이다.

인쇄된 글은 음성을 시각적 기호로 바꾸어 놓은 것이지만 기호화할 수 없는 많은 음성적 요소의 제약을 극복할 수 없다. 그럼에도 불구하고 어느 작가도 작품의 가장 표면적 조직인 음성에 대해 주의를 기울이지 않는 사람은 없다.

특히 리듬에 각별한 신경을 써야하는 시인은 소리가 본래부터 가진 요소들을 활용하고, 그 소리들의 상호관계에서 얻어지는 효과를 이용하여 최대한 '음악적' 인 글을 쓰려고 노력한다.

산문시도 행단위의 진행을 갖지 않을 뿐 리듬의 패턴이 있다. 그렇지 않다면 그것은 그냥 산문이다.

'내재율' 이란 것도 '외재율' 과 관계를 갖지 못하면 존재할 수 없는 것이다. 원래 시 장르는 기원전부터 노래 가사에서 비롯된 것이 아닌가.

소리의 표현적 사용에 있어서 가장 대표적인 것은 시늉말이다. 위 시에서는 의성어인 "우르르"와, 의태어인 "파르르" 같은 감각적인 시늉말이 동원되고 있다.

우리말은 의성어 · 의태어가 어느 나라보다도 풍부하게 발달되어 있다.

그러나 소리 · 몸짓의 흉내는 너무나 명백한 일차적 표현인 까닭에 자칫 동요童謠적 혹은 희화적이 될 수 있어 어휘 선택이나 그 사용빈도에 절제가 필요하다.

위 시에서의 기차지나가는 소리 '우르르' 나 날개를 떠는 모습인 '파르르' 는 아주 적절하다.

생생한 시적 이미지에 결정적인 역할을 수행할 뿐 아니라 예사 시늉말과는 달리 '르르' 의 특별한 성조반복은 시의 리듬을 배가시키고 있다.

시의 각 연은 모두 '…하네' 라는 종지형의 통사구조로 반복 병치되고 있다. 시의 운율을 살리고 새로운 의미를 창출하는 중요한 음성학적 요소다.

시인의 언어 운용방식은 면밀한 계획에 의해 일상 언어의 속성을 확대하거나 변형시키려한다. 그리하여 대상에 의해 환기된 정서를 독자가 최대한 자신과 마찬가지로 여실히 느끼게 하고자 한다.

이는 내용을 꾸미기 위한 장식적 차원을 넘어선다. '언어적 조형물로서의 시' 의 이런 특성을 가장 잘 보여주는 것이 바로 '반복 병치' 다.

첫째 연의 "살짝 비켜 앉네"는 잠자리와 해바라기의 우연한 만남을 묘사한다.

이 만남은 둘의 끝없는 대화로 이어진다. 여기서 주목할 점은 둘의 대화가 '이야기 하네' 정도의 단순 포괄적 동사로 처리되는 것이 아니라 모두 '들려주네, 속삭이네, 맞장구 쳐주네, 알려 주네' 와 같은 구체적인 동사로 변형되고 있다는 점이다. '이네' 라는 종지형은 반복되지만 연이 진행되며 이런 구체적 동작언어는 어감의 상승적 효과를 야기하며 화자의 정서를 점점 극대화한다.

마침내 "이야기가 끝이 없네"에 이르러 '외로운 둘' 의 대화가 촉발하는 정서는 절정에 이르게 된다.

둘의 만남은 시에서 끝없는 대화로 이어지지만 실상 만남은 이별을 전제하는 것이고 따라서 '끝없는 대화' 라는 것은 존재하지 않는다.

이제 시는 정점에서 대단원을 향한다. 잠자리는 결국 “가던 길 다시 날아가네”가 되는 것이다.

특히 시의 마지막 행은 모든 만남은 결국 헤어지고 만다는 삶의 허무함을 표상하는 배경으로 아주 적절하다.

많은 시인이 이런 허무에 대해 자신의 철학적 사유를 표출한다. 대개의 독자들도 그런 사유를 통한 시인의 직설적 발화가 있을 것으로 예견한다.

홍광표 시인은 바로 이 예견을 뒤집어 버린다. 이미 “…하네”라는 말은 “…했다”와 같은 단언적 어투가 아니다.

시인은 어느 정도 거리를 두고 보이는 것들을 독자에게 전언하는 형식의 어법을 채택하고 있다.

시인은 허무에 대한 사유의 직접적 발화 대신 시치미 뚝 떼고 “석양의 그림자가 길게 자라네”라며 눈에 들어오는 풍경을 독자에게 그대로 보고하며 시를 마감한다.

이 의외성이 시를 살린다.

잠자리가 떠나간 쓸쓸한 저녁풍경에는 인간의 허무를 포함한 모든 것이 담겨져 있기 때문이다.

4

홍광표 시인이 사물을 보는 시선은 날카롭다.

‘해바라기 위에 앉은 잠자리’는 매우 평범한 정경이다.

그러나 시인은 이런 범속한 일상에서 우리의 삶을 성찰하는 계기를 만들고 있는데 이는 시인이 가진 안광의 예리함에서 비롯된다.

그런 시 한 편을 더 보자.

하늘 찌고
땅 익는다
왜장치는 매미 목청 헤지고
빨간 꽃 위 졸고 있는 잠자리 빨갛게 탄다

늘어진 오후
낮잠 좀 자려는데
발바닥 재다 콧등타고 오르더니
눈썹 숫자까지 센다
까만 개미열사는 그렇게 나를 깨운다

이렇게 세상이 시끄러운데
이렇게 널 부러져 있으면 어찌 하냐고
개미 하나 마침내 따끔한 침 한 방 쏜다

열사는 나를 재우지 않는다
차라리 책상에 엎어져
책 속에 코를 박으라고
하다못해 고향집 아궁이
부지깽이나 되라고

－「개미열사」 전문

「개미 열사」라는 제목이 눈에 띈다. 조그만 미물에 '열사' 라는 호칭을 붙이는 안목이 돋보인다. 시에서 제목이 차지하는 비중은 크다. 내용을 지시하는 기능뿐 아니라 독자의 시선을 최초로 흡입하는 역할도 톡톡히 한다. '개미 열사' 라? 즉시 독자는 흥미를 느끼며 왜 개미가 열사가 되는지 궁금증이 생긴다.

사람의 경험은 우선 오관을 통한 외부세계의 지각이다. 시 · 청 · 후 · 미 · 촉의 감각은 세계를 인식하는 최초의 관문이다. 따라서 선명한 심상으로 독자의 감각을 자극하여 화자의 경험을 느끼게 하는 일은 시의 승패를 가름하는 결정적 요소가 된다.

시는 "하늘 찌고/ 땅 익는다"라는 말로 문을 연다. 한 여름의 폭염 속에 곤충들이 처한 정황이 생생한 심상으로 아주 감각적이다.

자칫 더위를 강조하기 위해 수식어를 붙이다보면 시가 지저분해질 수 있다. '찌고,' '익는' 정도라면 더위를 느끼게 하는데 그 이상 정확한 표현이 없을 것 같다.

"매미 목청 헤지고/ 잠자리 빨갛게 탄다"도 청각 · 시각적으로 멋들어진 심상이다. 얼마나 매미가 노래를 불러댔기에 목청이 다 '헤져' 간단 말인가. 얼마나 해가 뜨겁기에 잠자리가 빨갛게 '타게' 된단 말인가.

여기서 다리 여섯 개 달린 이 곤충들이 왜 이런 변화의 모습을 보이게 되는지 그 근본적인 연유를 생각해 볼 필요가 있다. 매미는 '왜장' 치고, 잠자리는 '빨간 꽃' 위에 '졸고' 있기 때문이다.

두 곤충의 현재 상태에 대한 묘사는 그들이 변화되는 것에 개연성을 부여하는 동시에 대상을 보다 감각적으로 인식하도록 자극하는 말이 되고 있다.

둘째 연에서 드디어 이 시의 주인공인 개미의 움직임이 시작되고 있다. 시인은 개미의 동작을 차례로 묘사한다. 개미는 발바닥에서 시작하여 콧등을 타고 눈썹까지, 아래에서 위로 천천히 올라온다.

그럴 수밖에 없는 것이 수학적인 이 개미는 발바닥의 크기를 '재고' 눈썹의 숫자까지 '세는' 놈이기 때문이다. 이 과정에서 개미는 늘어지게 오후의 낮잠을 즐기려는 화자를 깨우게 된다.

제목에 '열사' 라는 말이 들어 있다. 물론 이 어휘는 시 내용과 연관을 맺어야 한다. 물론 한 여름 더위 속에서도 열심히 일하는 개미는 '근면, 성실, 책임' 등으로 표상된다. 그러나 이런 어휘들은 누구나 인지하는 개미의 통상적 이미지다.

그리고 이런 언어들이 그대로 시에 동원되는 순간 잘 나가던 시도 갑자기 맥이 빠져 버린다. 누구나 아는 개미의 추상적 표상보다는 '개미 열사' 라면 무언가 구체적 행동을 유발시키는 존재가 되어야 한다. 그것이 거창한 것일 필요는 없다. 아니 거창한 것이 되면 시는 또 맥이 빠질 것이다.

비록 보잘 것 없더라도 독자의 가슴을 때리는 작은 행동이면 족하다.

3연에서 근면한 개미는 마침내 낮잠 자는 화자에게 "따끔한 침 한 방" 논다. '이렇게' 세상이 시끄럽게 바삐 돌아가는데, '이렇게' 한유하게 누워 있으면 어찌 하냐고 쏘는 침이다. "이렇게"의 반복은 시적 운율 상 좋은 착상이다. 낮잠 자는 화자를 "널 부러져"있다고 표현하고 있는 것도 돋보인다. 때로는 질박한 언어사용이 흥미와 감동을 유발하는 데 더 효과적이기 때문이다. 이제 무언가 '열사' 다운 개미의 구체적인 몸짓이 시작되고 있다.

매미가 왜장치고 잠자리가 졸고 개미가 올라오는 것으로 보아 화자는 '집 밖' 에서 낮잠을 잔 것이 틀림없다. 개미는 화자를 깨워 '집 안' 으로 들어가 책이라도 읽으라고 일깨우고 있다. "책상에 엎어져/ 책 속에 코를 박으라고"라는 말은 바로 책 읽으란 말의 질박한 표현이다.

'엎어지다' 나 '코를 박다' 와 같은 세련되지 못한 촌스러운 말은 실상 독자가 화자의 어법에 친근감을 느끼게 하는 중요한 요소가 된다.

개미의 일깨움은 한결 그 수위를 높인다. 지식인이 기본적으로 해야 하는 일은 읽고 쓰는 것이다. 그런 일마저 제대로 할 수 없다면 차라리 귀향할 것을 개미는 종용한다.

귀향하여 농사나 지으라고? 아니다. 이런 사람이 여름 들판에서 땀 흘리며 일할 수는 더더구나 없다. 차라리 고향집 부엌에 들어가 "아궁이 부지깽이나" 되라고 개미는 일침을 가하고 있는 것이다.

5

시에 있어 마지막 연과 행은 시의 성패를 좌우한다. 시인이 말하고자하는 주제가 독자의 가슴에 전달되는 부분이 글의 결미이기 때문이다.

또한 결정적으로 놀라움을 준다든지, 웃게 만든다든지, 감동으로 눈시울을 젖게 한다든지 하는 것도 시의 마지막 부분에 위치하게 된다.

앞서의 「해바라기와 잠자리」에서도 우리는 삶의 '허무'가 석양의 '그림자'로 갈무리되는 의외의 결미를 보았다.

이 시의 주제는 개미 열사를 통한 일깨움 즉, '깨우침'이 주제다. 그러나 어떤 깨우침도 선언적 교훈이나 설교와 같이 가르치는 자세를 시에서 보여서는 안 된다.

교시적인 것을 배우려고 독자가 시를 읽는 것은 아니다. 인용 시 마지막 행의 "고향집 아궁이 부지깽이"는 교시적인 것과는 거리가 멀어도 한참 멀다.

그러나 이 보잘 것 없는 '부지깽이'에는 시인이 보여주는 '겸양의 미덕'과 함께 통렬한 '자기 성찰'이 내재하고 있다. 자신을 낮추는 이러한 겸양의 자세는 '시 쓰기' 자체에서도 그 구도적인 태도가 그대로 나타난다.

시 쓰고 싶은데
그제 밤은 꿈자리 시끄러워 못 쓰고
어제 밤은 조용해
몇 줄 써보려 끙끙댔지만
힘 드는 건 마찬가지

오늘 십자매 한 쌍 사다 빈 새장에 넣고
합작시를 쓰기로 했다

새는 맑은 눈이 있어
뾰족한 부리로
시 쪽 물어다 주길 바라며

새는 나를 보며
종알종알 시어를 쏟아낸다
받아 적기만 하면 되는데
그대로 옮기기만 하면 되는데

날카로운 발톱 이리저리 옮겨가며
가끔 날개 짓까지 하며 알려주지만
말 귀 어두워 알아듣지 못하는 나

답답한 새
고개를 흔들더니
물 한 모금 마시고
둥우리로 들어가 버린다

–「새와 시」 전문

사물을 보는 시인의 안력이 높다는 사실은 이미 앞서의 시편을 보며 언급한 바 있다. '여름나절 낮잠 자는 데 기어오르는 개미 한 마리' 나 '철로 옆 해바라기 위에 비켜 앉은 잠자리 한 마리' 는 매우 평범한 사물이다.

그러나 시인은 무심코 우리의 시선을 비껴가는 '무표정' 한 이런 것들로부터 '표정' 을 읽어내고 그 존재의미를 깊은 사유로 두레박질한다. 그리하여 무릎을 치게 하는 깨우침을 퍼 올리고 있는 것이다.

이에 더하여 시인은 시적 대상이 '전언하는 의미'를 듣는 예각의 청력 또한 보유하고 있다. 대상에 새로운 시선을 던질 뿐 아니라 그것이 주는 전언을 듣고 대상을 다른 개념에 위치시킴으로 그것에 대한 우리의 상투적 인식을 깨부수는 것이다.

첫 연에서 "꿈자리 시끄럽다"는 것은 그만큼 복잡한 세상에 매여 있다는 말이다.

시를 쓰려하지만 세상번뇌가 시의 순결한 발화를 막는다. 어쩌다 조용한 날이 있어도 시는 제대로 나오지를 않는다. 어느 누구에게 시가 술술 써질 수 있을 것인가.

그러나 시인은 그것을 자신의 능력부족으로 파악한다.

다음 연에서 시인은 기발한 발상을 한다. '십자매'를 사다 새장에 넣고 합작시를 써보기로 하는 것이다. "새는 맑은 눈이 있어" 그 "뾰족한 부리"로 시 쪽을 물어다 줄 것을 시인은 기대한다. 새는 시인의 기대에 부응한다. 새는 시인을 보며 "종알종알 시어를 쏟아낸다" "날카로운 발톱 이리저리 옮겨가며/ 가끔 날개 짓까지 하며" 시를 알려준다. "받아 적기만 하면" 된다. "그대로 옮기기만 하면" 된다.

그러나 이 쉽고 간단한 것 같은 일이 되지를 않는다. 시인은 자신이 "말 귀 어두워" 새의 전언을 알아듣지 못하는 것이라고 스스로 자탄한다.

마지막 연에서 새의 동작은 결정적이다. 새는 못 알아듣는 시인이 답답한 듯 고개를 흔들고 "둥우리로 들어가" 버리고 만다. 지금까지 떠드느라 목이 말랐던지 물까지 "한 모금 마시고" 들어가 버린다.

십자매의 도움을 받아서라도 시를 쓰고자한 시인의 심경은 처연하기만 했을 것이다. 그러나 시인은 그 심경을 드러내지 않는다.

새가 둥우리로 들어가는 것을 끝으로 시는 마감되고 만다. 군더더기 없는 마감이다.

그러면 이 시는 어떻게 해서 만들어진 것인가. 결과적으로 이 시는 십자매의 전언을 통해 완성된 게 아닌가.

새가 종알종알 날개 짓까지 하며 울지 않았더라면 이 시는 아예 존재할 수조차 없었을 것 아닌가. 이는 역으로 시인이 새의 전언을 알아들었다는 말이 된다.

즉 '알아듣지 못한다는 것' 을 '알아듣게 된 것' 이고, 그 깨침의 과정을 '그대로 옮겨 씀' 으로 이 시는 완성된 것이다.

이 시에는 그 흔해빠진 직유 하나 없다. 물론 종교 · 철학을 제시하는 구체적 언어도 하나 없다.

시 쓰기의 고뇌를 서정적으로 가볍게 스케치한 것 같지만 그러나 이 시에는 앞의 시편들과 마찬가지로 전체적인 언술의 비유로 깊은 사유를 담고 있다.

그렇다고 해서 시인이 철학적 사유의 직접적 포즈를 취하는 법은 앞에서 보는 것처럼 절대로 없다.

동시에 그것들은 나름대로 인과의 연결고리로 결속됨으로서 논리적 개연성을 확보한다.

따라서 홍광표 시인의 시에 소통의 걸림돌은 없게 되는

것이다.

6

언어는 문학의 존재조건이다. 언어가 있어야 문학이 이루어질 수 있다는 이 말은 언제 어디서나 예외가 있을 수 없는 조건이다.

문학현상은 '작가'와 '작품' 그리고 이를 읽는 '독자'라는 역동적 구조로 설명되는 데 이들 사이를 연결하는 매개물이 바로 언어다.

작가는 이 매개물을 통해 독자와 '소통'하려 한다. 작품, 곧 텍스트는 작가가 독자와 의사소통을 하려고 만들어 놓은 언어의 구조물인 것이다.

이 글의 초입에서 의미의 불투명함으로 독자의 접근을 어렵게 하는 현대시에 대해 언급하였다.

의사소통을 가능하게 하는 음성적 기호의 체계가 바로 언어라고 한다면 언어로 구성된 문학작품도 독자와의 소통이 이루어져야 함은 당연하다.

이 점에서 홍광표 시인의 시에 소통의 걸림돌이 없다는 사실은 중요하다.

문학을 위한 언어가 따로 있는 것은 아니다.

피아노를 치기 위해 손가락이 생겼다고 말할 수는 없는 것이 아닌가. 시를 쓰기 위한 언어가 따로 준비된 것은 아니란 말이다.

어머니 이야기로
많은 노래를 부를 수 있을 것 같았으나
막상 입을 떼면 아무 소리도 나오지 않는다
가슴만 메일 뿐이다

어머니의 입술은 화장을 안 해도 고왔다
그러나 그 입술에 노래는 흐르지 않았다
수많은 가사가 가슴 속에 있었으나
곡조가 되어 나오지는 않았다

–「어머니」 부분

십자매의 노래 소리를 통해 시를 쓰려던 화자는 그 노래를 받아 적을 수 없었다.

이번에는 어머니에 대한 시를 쓰려하나 "가슴만 메일 뿐" 노래가 되어 흘러나오지를 못한다.

그러나 십자매의 노래가 있었기에 「새와 시」라는 시가 만들어졌고 그리운 어머니가 계셨기에 위의 시가 완성되었음은 주지하는 바다.

누구나 어머니를 사랑한다. 그러나 시 첫째 연에서 화자는 그 사랑을 외부로 발화하지 못하고 있다.

그럼에도 '가슴 안' 에만 담겨 노래가 되지 못한 어머니를 향한 사랑과 그리움은 그만큼 더 절절하고 지극하다.

다음 연에서 화자는 동일한 어법으로 어머니를 설명한다. 화장하지 않아도 고우셨던 어머니의 입술에서도 노래 소리는 들리지 않았다.

신산辛酸한 삶 속에서 수많은 아픔의 사연이 있었겠지만 '가슴 속' 에 묻어 두었을 뿐 그것은 곡조가 되어 외부로 흘러나오지 않았다.

인고의 삶을 사신 어머니의 모습이 여실하게 다가온다.

위 시에서 언어의 본질인 소통기능에 문제될 것은 없다. 바로 사람들이 사용하는 살아있는 언어가 바로 문학을 만든다는 점을 인정하게 된다.

의미공유는 일상적인 언어상황, 즉 사물에 이름을 붙이는 일부터 어떤 대상이나 사실을 설명하고 이를 알아듣는 일에 이르기까지의 기본적인 기능이 되는 것이다.

그런데 이런 의미공유의 기본적 언어기능은 문학에서는 일종의 '언어적 제안' 으로 나타난다.

시인은 어떤 사실이나 대상을 어떠어떠하게 보는데 독자의 생각은 어떠한지 '동의' 를 구하는 것이다.

홍광표 시인은 이 점을 잘 파악하고 있다.

세상은 이러이러한 것이라고 설명한다든지, 따라서 그 설명에 따르라고 요구하는 언어사용과는 언제나 그 양상을 달리하고 있는 것이다.

그의 시편들에는 공히 자신의 언어적 제안에 '소통을 통한 독자의 공감' 을 구하려는 자세가 표출되고 있다.

시인은 이를 대상에 대한 기억의 되살림, 그 대상에 대한 자신의 새로운 지각, 그 대상에 대한 선명한 이미지의 부각 등의 양상을 통해 문학 언어의 의미공유를 표현하고자 하는 것이다.

목청을 던져 봐도 통하지 않은
힘겨운 아기의 세상
못내 아쉬워 뒤돌아보며
뒤돌아보며
엄마 손에 질질 끌려간다
멀어져 가는 변신 장난감

–「변신 장난감」 부분

변신하는 장난감들은 아기에게 '황홀한 기쁨' 이다. 그러나 "세상이 무너지는" 울음을 터뜨려도 세상은 아기에게 통하지 않는다. 아기 겨울옷이 더 급한 엄마는 그 황홀한 호기심을 냉정하게 떼어낸다.

아기는 "못내 아쉬워" 장난감 가게를 '뒤돌아보며' 또 '뒤돌아보며' 울며 끌려간다. 가끔 백화점에서 심심치 않게 볼 수 있는 풍경이다.

시인은 일상에서 흔히 벌어질 수 있는 이런 사건에 대한 기억을 되살린다. 그리고 이에 강력한 심상을 부여함으로 이 별 볼일 없는 사건을 생생하게 드러내고 있다.

그러나 아기에게 이 일은 '별 볼 일 없는 사건' 이 아님을 주시해야 한다. 우리는 사소하게 스쳐갈 일이지만 아기에게는 '세상이 무너지는' 일이요, '가슴이 터질' 일이다.

바로 이런 아기의 마음이 우리 눈앞에 선명하게 부각됨으로 우리는 "힘겨운 아기의 세상"을 공감하게 되고 함께 안타까움을 느끼게 된다. 나아가 "아빠의 가벼운 주머니"를 생각해야 하는 엄마의 안타까운 마음도 공유하게 된다.

이것 또한 우리가 살아가야 하는 '힘겨운 세상' 이 아니고 또 무엇이란 말인가.

결과적으로 시인이 의도한 언어공유의 기능은 성공적으로 수행되었다. 동시에 그의 언어적 제안도 독자의 적극적 동의를 얻어냈다. 몇 편의 시를 읽었지만 홍광표 시인의 시는 늘 작은 깨우침 정도로 잔잔한 감동의 여운을 남긴다.

작은 깨우침이라 했다. 그것은 '작은' 것이지만 그 작은 것 앞에도 그는 결코 전면에 나서는 법이 없다. 잔잔한 감동은 바로 여기서 발생한다. 이는 미덕이다.

7

어떤 시인에게도 작품을 깎기 위해서 하얗게 밤을 지새우는 불면의 고통이 있다. 문장에서 결코 일필휘지란 있을 수 없다. 문장은 다듬을수록 좋아지는 것이 상례다.

그러나 문장을 다듬는다는 것은 아름답게 '꾸미는' 것을 의미하는 것이 아니다.

오히려 꾸민 것을 벗겨내는 것이 퇴고의 과정에서 이루어져야 할 일이 될 것이다.

이처럼 깎고, 다듬고, 고치는 과정은 불면의 밤을 야기하게 되고 이는 고통을 수반하는 정신적 노동이 될 수밖에 없다. 늦게야 글을 쓰는 시인에게 이런 고통의 밤이 얼마나 많았으랴.

그러나 이 노동은 '사랑의 노동' 이라 할 수 있다. 누구나 사랑하고 사랑받기를 원한다. 그렇다면 '사랑의 노동' 은 누가 시켜서 억지로 하는 노동이 아니라 스스로 좋아서 하는 노동이다. 만약 자발적이 아니라 강제적으로 하는 노동이라면 그것은 정말 견디기 힘든 고통이 될 수밖에 없다.

따라서 이런 '사랑의 노동'으로 인한 고통은 실상 고통이 아니라 '즐거움'이라고 말할 수 있다. 문학작품은 그것을 쓰는 사람이나 읽는 사람이나 삶에서 구할 수 있는 하나의 '낙樂'이 되어야한다.

즉 그 주체가 작가이건 독자이건 그것은 기꺼이 즐길 수 있는 대상이 되어야 한다는 말이다.

그렇다면 시인에게 시 쓰기는 일상의 벗이 되어줄 수 있는 소중한 즐거움이 되어야함은 당연하다.

나는 문학을 즐길 수 있는 것으로 유도해야한다는 비평가설을 전적으로 수용하는 사람이다.

상투적인 비평 관용구를 대화에서 즐겨 쓰고 난잡한 외국문학에 대해 열을 내며 토론하지만 모국어로 된 동시 하나 제대로 해석하고 이해하지 못한다면 그것은 문학문맹이나 다름없다.

모국어를 '사랑'하고 '즐길' 수 있는 사람만이 진정한 문학이해에 다다를 수 있다.

사랑하기 때문에, 즐길 수 있기 때문에 그것은 고통이 아니라 기쁨이 될 수 있는 것이다.

홍광표 시인은 바로 사랑의 노동으로 불면의 밤을 감내하는 사람이다. 한마디로 그는 문학을 사랑하고 그래서 그것을 즐긴다. 시 몇 편 읽어내지도 못하고 많은 지면을 써 버렸다. 부디 그가 더욱 문학을 향수하기를 기대한다.

새와 시

처음 인쇄 2015년 4 월 30일
처음 발행 2015년 5 월 6일

지은이 홍 광 표
펴낸이 이 승 한
편　집 이 수 미

펴낸곳 도서출판 엠-애드
등　록 제2-2554
주　소 100-863 서울 중구 충무로 4가 36-7 2층
전　화 02)2278-8063,4
팩　스 02)2275-8064
E-mail madd1@hanmail.net

정가 : 9,000 원

ISBN 978-89-6575-072-7 03810